밥 도감

글 **고은정**
우리장학교 대표, 약선식생활연구센터 소장이며, 현재 지리산 실상사 앞에 자리 잡은 '맛있는 부엌'에서 살고 있습니다. 남자 어른들을 위한 음식 강의, 어린이를 위한 밥상 강의도 즐겁게 하는 음식문화운동가입니다.
전국 어느 곳이든 찾아가 장과 김치, 그리고 우리 생활과 밀접한 음식에 대한 이야기를 들려주며, 어린이부터 어른까지 누구나 직접 음식을 해 먹을 수 있는 독립적인 삶을 응원하고 있습니다. 세상의 다양성을 인정하는 것이 삶을 풍요롭게 하듯이, 음식의 맛도 각자의 맛을 찾아가고 자신의 맛을 만들어 내는 것이 중요하다는 것을 늘 강조합니다. 지은 책으로 《집 주변에서 찾은 음식보약》, 《장 나와라 뚝딱》, 《반찬이 필요 없는 밥 한 그릇》, 《밥을 짓다 사람을 만나다》, 《우리 학교 장독대》, 《김치 도감》 등이 있습니다.

그림 **안경자**
산 좋고 물 맑은 충청북도 청원에서 태어났습니다. 대학교에서 서양화를 공부한 뒤 어린이들에게 그림을 가르쳤고, 지금은 식물 세밀화와 생태 그림을 그리고 있답니다. 숨어 있는 곤충이나 작은 풀들을 잘 찾아내서 주위 사람들을 깜짝 놀라게 하지요. 할머니가 되어서도 자연의 아름다움을 그리는 것이 꿈이랍니다. 《풀이 좋아》, 《세밀화로 그린 보리 어린이 풀 도감》, 《찔레 먹고 뿌지직!》, 《꽃이랑 소리로 배우는 훈민정음 ㄱㄴㄷ》, 《아침에 일어나면 뽀뽀》, 《파브르에게 배우는 식물 이야기》, 《무당벌레가 들려주는 텃밭 이야기》, 《겨울눈이 들려주는 학교 숲 이야기》, 《콩 농사짓는 마을에 가 볼래요?》, 《동물이랑 식물이 같다고요?》, 《식물은 떡잎부터 다르다고요?!》, 《동물은 뼈부터 다르다고요?!》, 《우주랑 사람이 같다고요?!》, 《김치 도감》 등에 그림을 그렸습니다.

재료부터 만드는 방법까지 한눈에 살펴보는

밥 도감

초판 1쇄 발행 | 2020년 9월 10일
초판 4쇄 발행 | 2025년 7월 25일

글쓴이 | 고은정
그린이 | 안경자

펴낸이 | 조미현
책임편집 | 황정원
편집진행 | 노정임
디자인 | 토가 김선태

펴낸곳 | (주)현암사
등록 | 1951년 12월 24일 제10-126호
주소 | 04029 서울시 마포구 동교로12안길 35
전화 | 02-365-5051   팩스 | 02-313-2729
전자우편 | child@hyeonamsa.com
홈페이지 | www.hyeonamsa.com
블로그 | blog.naver.com/hyeonamsa
인스타그램 | www.instagram.com/hyeonam_junior

ⓒ 고은정, 안경자, 노정임 2020

ISBN 978-89-323-7513-7 73380

* 이 책은 저작권법에 따라 보호를 받는 저작물이므로 저작권자와 출판사의 허락 없이 이 책의 내용을 복제하거나 다른 용도로 쓸 수 없습니다.
* 책값은 뒤표지에 있습니다. 잘못된 책은 바꾸어 드립니다.
* 현암주니어는 (주)현암사의 아동 브랜드입니다.

제품명 도서	전화 02-365-5051
제조년월 2025년 7월	제조국명 대한민국
제조자명 (주)현암사	사용연령 8세 이상
주소 서울시 마포구 동교로12안길 35	

주의: 책 모서리에 부딪히거나 종이에 베이지 않도록 주의해 주세요.
• KC 마크는 이 제품이 공동안전기준에 적합하였음을 의미합니다.

재료부터 만드는 방법까지
한눈에 살펴보는

밥 도감

글 고은정 | 그림 안경자

현암
주니어

차례

머리말 _ 8

준비물 _ 10

첫 밥을 지어 볼까요? _ 14

1부
흰쌀밥과 잡곡밥

- 한눈에 보는 재료와 분량 _ 18
  - 흰쌀밥 짓기
- 현미밥 _ 25
- 잡곡밥 짓기 _ 34
  - 검정콩밥
  - 강낭콩밥
  - 기장밥
- 냄비밥 _ 37
  - 누룽지와 숭늉

2부
특별한 한 그릇 밥

- ◯ 콩나물밥 _ 40
- ◯ 굴무밥 _ 42
- ◯ 김치밥 _ 44
- ◯ 냉이바지락밥 _ 46
- ◯ 소고기우엉밥 _ 48
- ◯ 가지밥 _ 50
- ◯ 시금치홍합밥 _ 52
- ◯ 다시마미역밥 _ 54
- ◯ 차돌박이버섯밥 _ 56
- ◯ 죽 _ 58
    - • 완두콩죽
    - • 감자죽

편집자의 편지 _ 62

찾아보기 _ 64

일러두기

◆ 요리의 핵심은 재료! 밥도 마찬가지입니다. 음식 재료가 부엌에 오기 전 농부들이 언제 어떻게 키웠는지 어떤 모습이었는지 먼저 보고, 다듬고 씻는 방법도 함께 살펴봅니다.

◆ 1부에서는 흰쌀밥을 짓는 과정을 자세히 살펴봅니다. 흰쌀밥은 국, 반찬으로 차려지는 우리 밥상에 가장 잘 어울리는 밥입니다. 이 책을 따라서 세 번만 연습을 해 보세요. 맛있는 밥을 날마다 먹을 수 있게 될 거예요.

◆ 2부는 한 그릇 밥 짓기입니다. 쌀과 함께 고기, 야채 등을 넣고 한 솥에 짓는 밥으로, 맛과 영양이 충분한 한 그릇 밥이 뚝딱 차려집니다. 이를 응용하여 자신만의 한 그릇 밥을 만들어 보는 것도 좋겠지요?

초등학교 3학년 때 처음으로 혼자 밥을 지었어요. 삼층밥이 되었지요. 설고 타서 제대로 먹지 못했어요. 그날 이후로 어머니께서 지으시는 밥을 눈여겨보았습니다. 쌀 씻는 방법과 밥물 맞추는 방법까지 봐 두었지만 두 번째 밥도 실패했습니다. 하지만 태우지는 않았어요. 그 밥을 너무나 맛있게 먹은 기억이 생생합니다. 아마도 어른의 도움 없이 나 혼자서 지은 밥이었기 때문일 거예요.

나는 지금 매일매일 밥을 하지만, 밥을 하는 일이 어렵지도 않고 힘들지도 않아요. 내가 해 주는 밥을 먹는 사람들이 맛있게 먹고, 또 행복하다고 말해 주니까요. 그래서 생각해 보았어요. 이런 기쁨을 나만 누리지 말고 다른 사람도 느낄 수 있게 해 주자는 것이지요. 여러 번 밥을 해 보고 밥을 하는 일에 익숙해지면 가족들에게 밥을 차려 주고 싶고, 또 친구를 초대하고 싶어집니다. 왜냐하면 누군가와 밥을 같이 먹는 일보다 행복한 일이 세상에는 그렇게 많지 않기 때문이지요.

행복은 나누면 배가 된다고 합니다. 밥을 지어서 나누는 행복도 다르지 않습니다. 내가 나를 위해 한 끼 밥을 차려 먹는 일은 정말 멋진 일입니다. 《밥 도감》을 읽는 어린이 여러분도 밥 짓는 방법을 잘 배워서 자신을 위해서도 밥을 짓고, 다른 사람을 위해서도 밥을 지어 보세요. 그래서 우리 모두 행복해집시다.

_고은정

밥을 짓기 전에 약속해요

몇 가지만 조심하면 날마다 안전하게 밥을 지을 수 있어요.

쌀, 콩 작고 동그란 곡식을 덜어 낼 때 흘리지 않게 조심해요. 바닥에 흘리면 데구루루 굴러가 버려요.

칼 고기나 채소를 다듬고 자를 때 손 조심. 쓰고 난 칼은 정해진 자리에 두어요. 칼로 장난치면 안 돼요.

불 불을 켤 때에는 언제나 화재를 조심해요. 반드시 어른과 함께 있을 때 불을 사용하세요. 요리하는 동안 뜨거운 솥을 맨손으로 만지지 않고, 뚜껑을 열 때 한꺼번에 뿜어져 나오는 뜨거운 김을 피해서 화상을 입지 않도록 해요.

물 쌀을 씻을 때 물이 넘쳐 쌀이 흘러가지 않게 조심해요. 커다란 채소를 씻을 때에는 물이 넘쳐 바닥에 흐르지 않게 주의해요. 바닥이 미끄러워 넘어질 수도 있으니까요.

* 마무리도 즐겁게 해요.
- 남은 밥을 상하지 않게 보관해요. 상한 음식을 먹으면 식중독에 걸릴 수 있어요.
- 음식 찌꺼기 처리, 설거지와 그릇 정리도 함께하세요. 뒷정리까지 음식 만들기의 과정입니다. 뒷정리를 잘해 두면 그다음 요리를 더욱 즐겁게 할 수 있어요.

＊ 준비물

솥

나에게 맞는 솥을 골라요. 집에 있는 솥으로 시작하면 돼요.
어떤 솥이든 세 번만 연습하면 누구나 잘 지을 수 있어요.
이 책에서는 압력솥을 골랐어요.

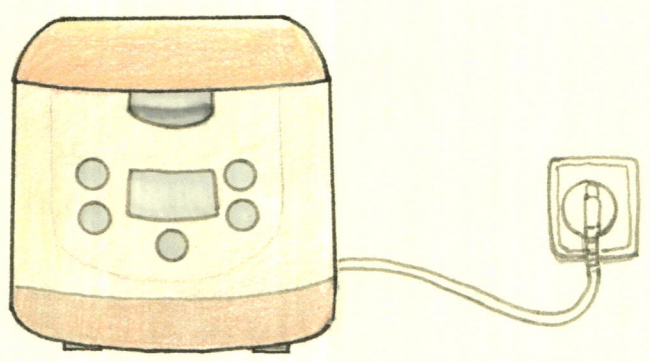

전기밥솥
누구나 짓기 쉽다. 예약, 취사, 보온 기능 등
다양한 기능이 있어 편리하다.
시간이 오래 걸리고, 전기가 많이 든다.

냄비
그릇이 가볍다. 짓는 중간에 뚜껑을 열고
재료를 넣을 수도 있다.
밥물이 넘치지 않게 지켜보며,
불 조절을 해야 한다.

돌솥
밥맛이 좋다. 누룽지를 먹을 수 있다.
그릇이 무겁고 금이 갈 위험이 있다.
밥물이 넘치지 않게 지켜보아야 한다.

압력솥
밥 짓는 시간이 짧다.
찰기 있는 밥을 짓기에 알맞다.
무겁다. 뚜껑을 열고 닫기가 어렵다.

쌀

쌀을 보관하는 가장 좋은 방법은 공기를 차단하고
낮은 온도에 두는 거예요.
상온에서는 2주, 냉장고에서는 두 달까지
갓 찧은 쌀의 맛이 유지돼요.

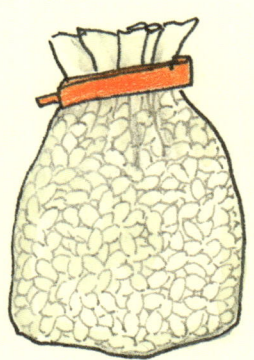

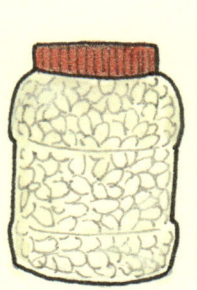

쌀 상품 표기

- 집에 있는 쌀로 지어요. 구입할 때가 되었다면 품종과 도정 날짜를 확인하고 사세요.
- 품종: 반찬과 국을 함께 먹는 밥쌀은 슴슴하고 평범한 맛이 나는 쌀이 잘 어울려요. 한 가지 품종을 담은 단일미를 고르세요.
- 도정 날짜: 도정은 쌀 껍질을 분리하는 거예요. 묵은쌀이 있다면 햅쌀과 섞어서 지으면 좋아요.

생쌀은 얼리면 안 돼요.
실온에 두거나
냉장 보관하세요.

계량컵

200밀리리터(mL) 기준

계량컵을 쓰면 눈대중으로 푸는 것보다 빠르고 편리해요.
그리고 물의 양을 정확히 잴 수 있어서
입맛에 맞는 밥을 지을 수 있어요.

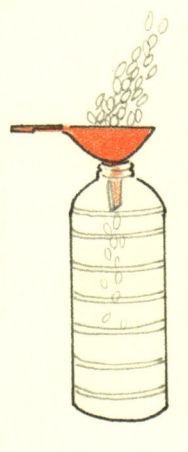

쌀 씻는 그릇

물을 넉넉히 부어서 쌀을 씻으므로 쌀의 양보다 큰 그릇이 필요해요.
예전에는 쌀을 씻을 때 나무로 만든 '이남박'을 썼어요.
그릇 안쪽에 작은 고랑을 여러 줄 파 놓은 그릇이에요.

체

씻은 쌀을 불리는 데에 써요.

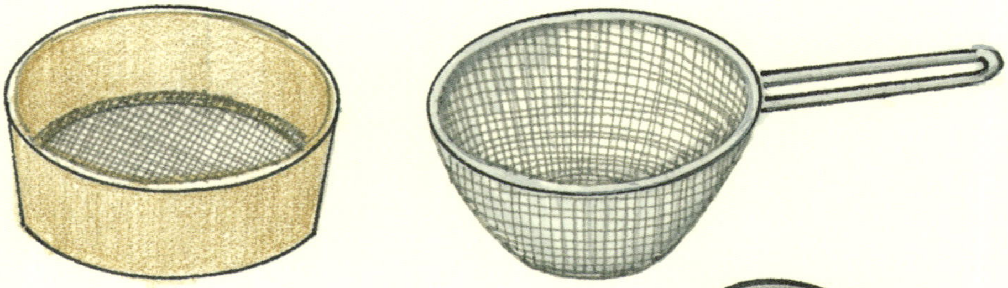

물

먼저 **쌀을 씻는 물**이 필요해요. 중요한 것은 온도예요.
겨울에 손이 시렵다고 뜨거운 물을 쓰면,
씻는 동안 쌀에서 단맛이 빠져 나가요.
쌀을 씻는 물은 보통의 수돗물 온도면 알맞아요.

밥에 넣을 물도 수돗물 정도의 온도면 알맞아요.

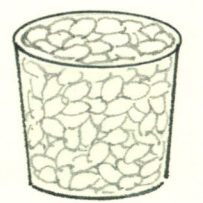 

불

집집마다 불의 세기가 다를 수 있어요.
보통 가정의 가스레인지 화력 기준으로 설명합니다.

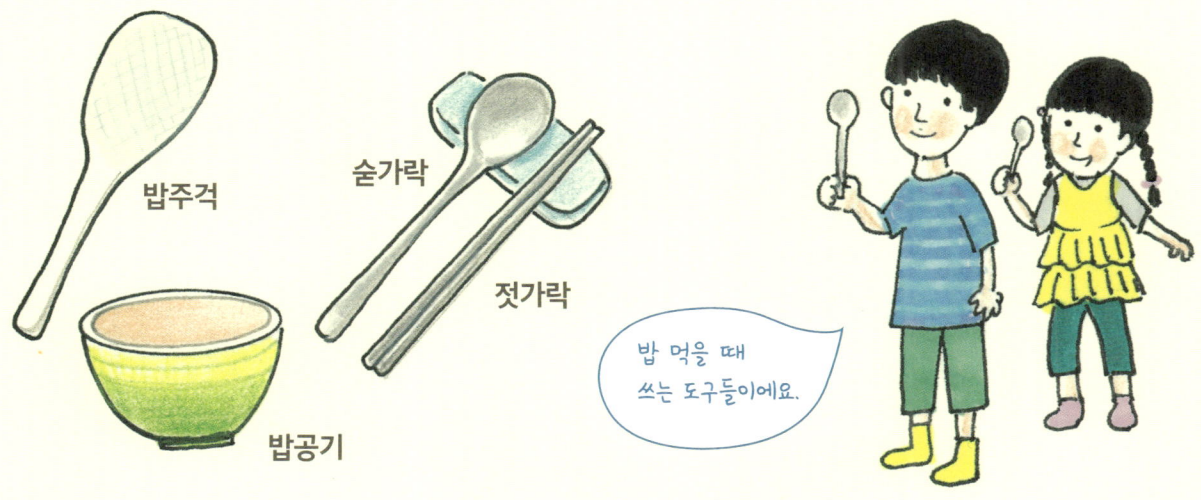

밥주걱 / 숟가락 / 젓가락 / 밥공기

밥 먹을 때 쓰는 도구들이에요.

준비물은 간단하지요? 대개 집에 갖추어져 있을 거예요.
맛있는 밥은 쌀에 적당한 물을 부어 골고루 알맞게 익히면 만들어져요.
윤기, 부드러움(찰기), 향기는 사람마다 좋아하는 정도가 다를 수 있지만,
내가 갓 지은 밥은 언제나 맛있답니다.
밥을 지을 준비가 되었나요?

첫 밥을 지어 볼까요?

전기밥솥으로 40분 만에 뚝딱!
연습하는 마음으로 지어요. 밥을 할 때 쓰는 말도 익혀요.

쌀을 푸자.

쌀을 씻자.

씻은 쌀을 불리자.

밥솥에 쌀을 넣자.

* 한두 끼 분량만 하는 게 좋아요.
남은 밥을 오래 보온하면
누렇게 변하고 딱딱해집니다.
좋지 않은 냄새도 나고요.

물을 붓자.

불을 켜자.

끓이자.

뜸을 들이자.

밥주걱으로 밥을 섞자.

밥공기에 밥을 푸자.

우리나라는 쌀이 주식입니다.
주식은 끼니마다 자주, 주로 먹는 음식이에요.
기후에 맞고 잘 자라는 작물,
꼭 필요한 영양소를 품고 있는 곡물,
독성 없이 안전하고 맛있는 식재료가 정착되어 있어요.
대부분 밀이나 쌀을 주식으로 삼고 있지요.
오랫동안 먹어 온 음식입니다.

주식은 요리하기가 쉬워야 해요.
날마다 먹는 음식이니까요.
그런데 아무리 쉬워도 내 손으로 해 보지 않으면
어려운 일이 되어 버릴 수 있어요.

계량하고, 씻고, 적절한 솥에 담아 익히고,
뜸을 들이고, 불 조절을 해서 완성해요.
원칙을 지키면 누구나 맛있을 밥을 지을 수 있지요.
그래서 밥 짓기를 하면서
모든 요리의 기본을 배울 수 있답니다.

1부

흰쌀밥과 잡곡밥

한눈에 보는 **재료와 분량**

흰쌀밥 짓기

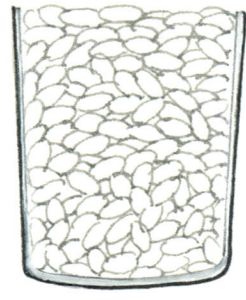
쌀 200mL

물 200mL

* **쌀과 밥물의 비율**
  압력솥에 할 경우, 씻기 전
  쌀과 같은 양의 물을 넣어요.

* **쌀의 품종**
  우리 논에서 기르는 벼는
  추청, 신동진, 오대 등
  여러 품종이 있어요.
  밥 짓기를 배운 뒤
  입맛에 맞는 품종도 찾아보세요.

벼

흰쌀(백미)

현미
도정 방법의 차이일 뿐 흰쌀과 같은 쌀입니다.
속껍질은 남기고 겉껍질만 벗겨 내서
누르스름합니다.

현미밥 짓기는 25쪽에 자세히 설명되어 있어요.

벼

묵은쌀
묵은쌀이 있다면
갓 도정한 쌀 3에 묵은쌀 1을 넣어
섞어서 지어요.

재료 ❶ **쌀 2컵**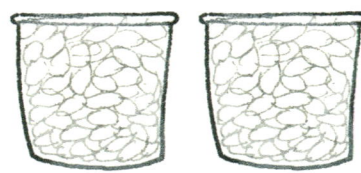

쌀은 부엌에 오기 전에 논에 있었어요.
농부들은 봄부터 볍씨를 심고 키웠습니다.

▶ **벼가 쌀이 되기까지**

씨나락 준비

이른 봄 싹 틔우기

봄 모내기

여름 벼꽃

가을 이삭

만드는 법 ❶

쌀을 정확하게 계량한다.

계량컵에 쌀을 듬뿍 푼 뒤,
검지로 평평하게 쓸어내려요.

정확한 계량이 중요해요.
처음에 쌀을 계량해야
밥물을 알맞게 맞출 수 있어요.

> 만드는 법 ❷

쌀을 씻는다.

물의 온도는
보통의 수돗물 온도면 알맞아요.
물의 양은 넉넉하게 붓되,
넘치지 않도록 조심해요.

물을 붓고,
처음은 대충 씻는다는 생각으로
휘휘 저은 뒤 물을 버려요.

첫물은 빨리 버려요.
쌀알이 흘러 나가지 않게
조심하세요.

깨지지 않게 부드럽게 다루어요. 쌀에 금이 가거나 쪼개지면 녹말이 흘러나와 밥물이 탁해져요.

두 번째 물을 받아요.
그리고 두 손바닥 안에 쌀을 넣고 살살 비비듯이 씻어요.

쌀뜨물을 쓰려면 이때 받아 두어요.

그리고 물을 충분히 더 받은 다음,
휘휘 저어 주고 물을 버려요.

네 번 씻으면 끝!

Q 쌀뜨물은 어디에 써요?
된장찌개나 무국을 끓일 때 국물로 써요.
토란이나 죽순 같은 채소를 데칠 때 쌀뜨물을 쓰면 맛이 순해져요.
화분에 물을 주거나 세수를 할 때 써도 좋지요.

이제 쌀 비비기는 하지 않고,
두 번 더 쌀을 물로 헹구어 주어요.

23

만드는 법 ❸

씻은 쌀을 불린다.

씻은 쌀을
체에 밭쳐서
30분 동안 불려요.
쌀을 알맞게 불리면
고르게 잘 익어요.

불리는 동안 쌀알 속으로
물이 흡수되면서 점점 커져요.

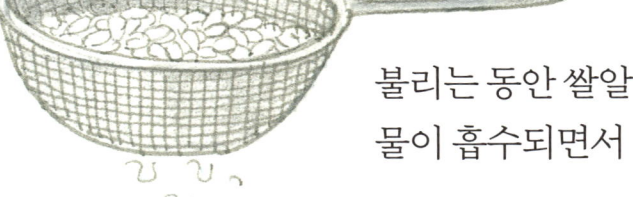

여름엔 좀 더 짧게,
겨울엔 좀 더 길게
불리면 좋아요.

Q 물에 담가서 불리지 않아요?
네. 씻은 쌀알 겉면에 물이 묻어 있기 때문에
체에 밭쳐 놓아도 충분히 불어요.
물에 담가 두고 오래 불리면
쌀의 영양소가 물에 녹아 나오고
탄력이 떨어져서 식감이 안 좋아요.

[현미밥]

* **현미는 물에 담가서 불리나요?**

  네. 현미는 속겨가 남아 있는 쌀이기 때문에 충분히 불려야 부드러운 밥을 지을 수 있어요.
  씻은 현미를 밥물 양을 맞추어 넣어서 불려요.

> 밥물을 부어 5~6시간 동안 불려요.
> 그런 다음, 불린 물과 쌀을 그대로 밥솥에 부어요.

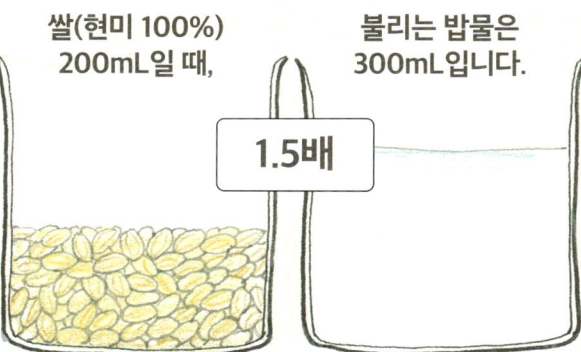

쌀(현미 100%) 200mL일 때, 불리는 밥물은 300mL입니다.

1.5배

소화가 잘되는 부드러운 현미밥을 지으려면?

* 두 번째 씻을 때 철망으로 된 체에 쌀을 넣고
  쌀 표면을 긁는 기분으로 야무지게 박박 문질러서 씻어요.
* 찹쌀현미와 섞어 지어도 좋아요.(현미 1.5컵, 찹쌀현미 반 컵, 물 3컵)
  찰기가 있어서 식어도 괜찮아요.

재료 ❷ | # 물 2컵

물은 모든 음식에 필요해요. 깨끗하고 맑은 물이 필요하지요.
대부분의 음식에는 물이 들어가요. 음식 재료 안에도 모두 수분이 들어 있어요.
재료를 씻고, 음식을 먹고 나서 설거지를 할 때도 물이 꼭 필요합니다.

▶ 물의 생태계

우리는 물 생태계 안에서 살고 있어요. 사람 뿐만 아니라 나무와 새, 모든 식물과 동물은 날마다 물을 먹으며 살고 있어요. 우리 부엌으로 오기 전에 모든 식재료도 물을 먹으며 자라난 거예요. 우리 집에서 쓰는 물은 내 것이지만 동시에 모두의 것이기도 해요. 물은 공공재이지요. 공공재는 사람들이 공동으로 사용하는 거예요. 음식도 물의 생태계 안에서 만든답니다.
요리를 하면서 물을 아끼고 깨끗이 쓰는 방법도 함께 생각해 봅시다.

수도꼭지를 틀면 콸콸 나오는 물이 어디서 어떻게 오는지 우리는 알고 있어요.
하지만 가끔 잊어버리기도 하지요.
물은 쉼 없이 지구를 순환하고 있다는 걸 기억해요!

벼는 논에서 키워요.
논은 물이 있는 밭인 '답(畓)'이라고 하지요.
벼는 물이 길러요.
쌀 1킬로그램을 수확하려면
물이 2500~5000리터 들어간다고
합니다.

우리나라 음식은 기름보다
물을 이용하는 요리가 많아요.
주식인 밥도 볶거나 튀긴 음식이 아니라
물에 끓여 낸 음식이에요.
반찬도 물로 끓이고, 데치고, 찌는 음식을
많이 만들어요.

만드는 법 ④

불린 쌀을 솥에 넣고 밥물을 붓는다.
센 불로 밥 짓기를 시작한다.

쌀 붓기

불리기 전 쌀과 같은 양을 넣어요.

물 붓기

뚜껑 닫기

김이 새지 않게 추를 반듯하게 놓아요.

불을 켜요.

Q 햅쌀은 안 불려도 될까요?
네. 햅쌀에는 수분의 양이 많아서 불리지 않고 밥을 해도 좋아요.

만드는 법 ⑤

밥이 끓으면 불을 조절한다.

밥이 끓기 시작하면 압력솥의 추가
칙칙 소리를 내며 흔들려요.
김이 빠지는 거예요.

10~15분이면
다 익어요.

밥 냄새가
퍼져요.

※ 불을 켜고 나서 자리를 비우면 안 돼요.

추가 힘차게 흔들리고
1~2분 뒤에 불을 꺼요.

Q 급해서 쌀을 못 불렸다면요?
불 조절을 하면 돼요.
밥 짓기를 '중간 세기'의 불로
시작하는 거예요. 이렇게 하면
시간이 더 걸리지만
쌀알 속까지 수분이 잘 들어가요.
추가 흔들리면 가장 작은 불로 줄여
15분 더 두었다가
불을 끄고 뜸을 들여요.

만드는 법 ❻

밥이 다 되고 나면 뜸을 들인다.

불을 끄고 5~10분이 지나면 뜸이 들어요.

압력솥은 약한 불에 두지 않고 바로 불을 꺼도 뜨거운 김이 빠지지 않고 솥 안에 가득 차 있어서 뜸이 잘 들어요.

뜸은 뜨거운 솥의 뚜껑을 열지 않고 잠시 기다리는 거예요. 뜸을 들이는 동안 밥물이 밥알 속으로 자작하게 스며들고 골고루 익어요. 뜸이 잘 들어야 부드럽게 씹히는 밥이 완성됩니다.

가마솥을 비롯해서 음식을 하고 나서
뚜껑을 열 때는 기울여서 열어요.
그러면 뚜껑에 모인 물과
뿜어져 나오는 뜨거운 김을
조절할 수 있답니다.

김이 빠지고 뜸을 들였으면
이제 뚜껑을 열어요.

뚜껑을 열 때
솥뚜껑에 모인 물이 밥에 떨어지지 않도록
기울여서 재빨리 열어요.

※ **뜨거운 솥 만질 때 조심!**
맨손으로 뜨거운 부분을 만지지 않아요.
맨 처음 뿜어져 나오는 뜨거운 김도 조심해요.
뚜껑을 기울여서 열면서 방향을 조절해요.

만드는 법 ❼

밥을 섞는다.

밥솥 가장자리로 주걱을 돌리면서
밥을 들어 살살 펴면서
위아래로 고루 섞어 주어요.

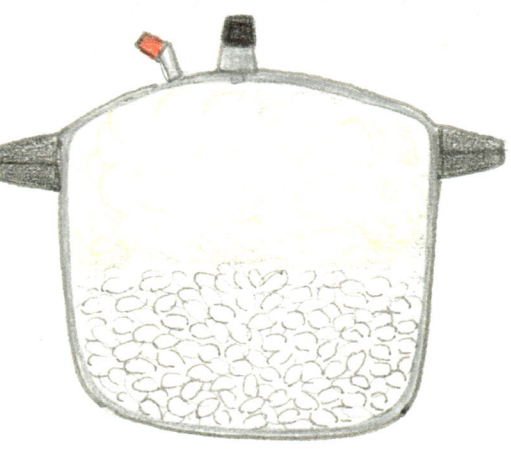

김이 빠지면서
밥알이 고슬고슬해져요.

밥맛을 보세요.
잘 지어졌나요?

Q 밥을 왜 섞어요?
섞지 않으면 밥알이 서로 떡처럼 뭉치고
단단해지지요. 뚜껑을 연 뒤에 곧바로 섞어 주세요.
밥알 사이에 남아 있던 김은 날아가고,
밥알이 더 고슬고슬해지고 탱글탱글 윤기가 나요.

만드는 법 ❽

섞은 밥을 밥그릇에 고슬고슬하게 푼다.

맛있는 밥이 다 되었어요.
신선한 쌀을 골라
골고루 알맞게 쌀을 익혀서
향긋하고 윤기 나고,
씹는 맛도 좋은 밥을 지었어요.

잡곡밥 짓기

쌀과 여러 가지 곡식을 섞어서 짓는 밥이에요.
잡곡의 성질을 파악해서 불리거나, 미리 삶거나, 적절한 양을 넣어서 지어요.
예를 들어 팥은 매우 단단해서, 하루를 불린 뒤 미리 푹 삶아 밥에 얹어서 지어요.
자주 먹는 세 가지 잡곡밥을 지어 볼까요?

> 흰쌀밥 짓기를 해 본 뒤,
> 잡곡밥을 지어 보세요.
> 재료 준비와 불리기가 끝났다면
> 그다음은 흰쌀밥 짓기와 같습니다.

검정콩밥

쌀 : 콩 = 9 : 1

> 밥물의 양은 흰쌀밥과 같습니다.

> 따뜻한 물에 불려요.

마른 콩은 충분히 불려서 넣어요.
검정콩을 씻은 뒤, 물을 두 배 정도로 넉넉히 넣고 1시간 불려요.
쌀을 씻기 전에 미리 불려 두어요. 콩 불린 물을 밥물로 넣어요.

강낭콩밥

쌀 : 콩 = 9 : 1

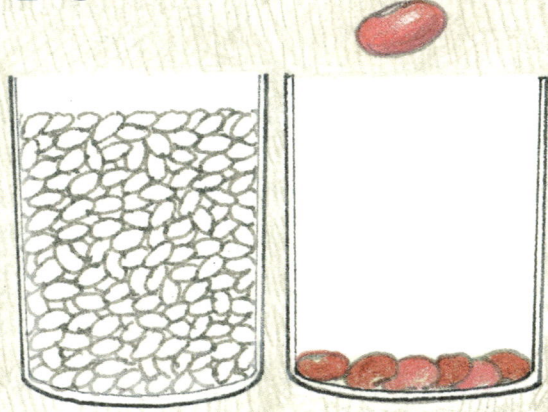

제철에 거둔 말리지 않은 날콩은 불리지 않아요.
불린 쌀과 함께 넣어서 밥을 지으면 돼요.

불리지 않아요.
씻기만 하면 돼요.

기장밥

쌀 : 기장 = 5 : 1

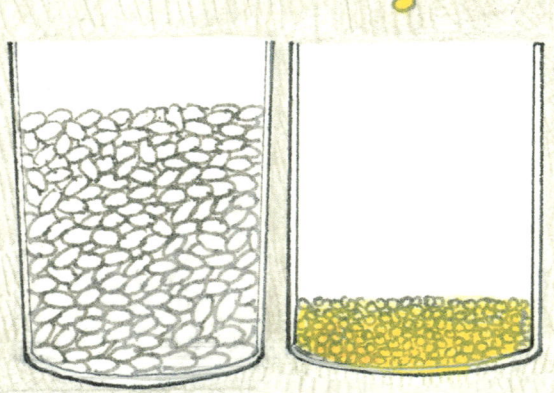

기장과 쌀을 함께 씻은 뒤 같이 불려요.
불릴 때 기장보다 틈이 작은 체를 써요.

불린 뒤 흰쌀밥 짓기와
같은 방법으로 지어요.

◆ 남은 밥을 보관하는 방법

밥은 시간이 지나면 윤기가 사라지고 누렇게 되고, 쿰쿰한 냄새가 나기도 합니다.
보온 밥솥 안에서도 밥이 상할 수 있어요.
두 끼 정도 분량만 두고 먹는 게 좋아요.
하루에 한 번, 하루에 먹을 분량을 알맞게 맞추어 밥을 지어서 먹는다면,
남은 밥은 거의 없을 거예요.
그래도 남은 밥이 있으면 58~61쪽처럼 죽으로 끓여 먹거나 볶음밥을 해 먹어요.

오래 두고 먹고 싶다면, 얼려서 보관해요.
냉동을 하려면, 밥이 다 식기 전 물기를 머금고 있을 때,
따뜻한 밥을 곧바로 냉동하는 것이
밥맛을 유지하는 방법이에요.
　　조금씩 나누어 담으면 꺼내 먹기 좋겠지요.
　　얼린 밥은 전자레인지에 녹여서 먹으면
　　밥맛이 잘 유지돼요.
　　냉동해 둔 밥도 1주일 안에 먹는 것이 좋아요.

※ **주의:**
　　얼렸던 밥을 밖에 꺼내 두고 상온에 긴 시간 녹이면 그사이 균이 생길 수 있어요.
　　빨리 얼리고 빨리 녹여서 먹는 것이 좋은 방법입니다.

[냄비밥]

* **누룽지와 숭늉을 먹으려면 어떻게 지으면 되나요?**

첫째, 냄비에 밥을 지으면 돼요.
냄비일 때에는 물을 더 많이 잡아요.
쌀의 1.3배를 넣습니다.

둘째, 센 불에서 밥 짓기를 시작하고,
끓기 시작하면 가장 약한 불로 줄이고
15분 더 두어요.(이때 밥이 눌어요.)
불을 끄고, 5분 뜸을 들입니다.

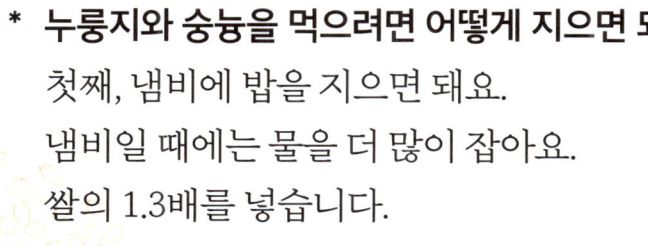

셋째, 밥을 푸고 나면
아래에 눌어붙은 밥,
누룽지가 보여요!

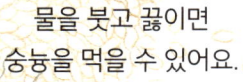

물을 붓고 끓이면
숭늉을 먹을 수 있어요.

누룽지를 모아 두었다가
끓여 먹어도 좋아요.

흰쌀밥에는 반찬이 필요해요.
그래서 밥상을 차리는 사람은
밥을 지으며 반찬을 만들어야 한다는 부담을 느끼게 됩니다.

반찬 부담 없이 간편한 한 그릇 밥을 만들어 보면 어떨까요?
밥을 지을 때 고기와 채소 등을
같이 넣어서 짓는 거예요.
들기름, 간장으로 간을 맞추면,
맛과 영양이 충분한 한 그릇 밥을 빠르고 쉽게 뚝딱 만들 수 있어요.

3~4인분 기준입니다.
식구들이 모인 주말이나
친구들을 초대한 특별한 날에 지어 보세요.

※ 여기에 쓰인 간장은 모두 집에서 담근 간장입니다.
　 (국간장을 쓰면 돼요.)

2부

특별한 한 그릇 밥

콩나물밥 냄비에 지어요.

쌀 2컵, 콩나물 300g(데치기: 물 2.5컵, 소금 1자밤), 소고기 다진 것 120g

* **고기 양념:** 청주 1큰술, 간장 1작은술, 들기름 1큰술

* **달래 양념간장:** 달래 20g, 간장 1큰술, 물 1큰술, 참기름 1작은술, 들기름 1작은술, 깨소금 1큰술

콩나물 기르기

쥐눈이콩 (메주콩으로도 길러요.)

검고 두꺼워서 빛이 통하지 않는 천으로 덮어요.

불린 콩을 시루에 넣기

하루에 5~6번 물을 주며, 5~7일 동안 길러요.

1. 쌀을 씻어 체에 건져 30분간 불린다.
2. 콩나물을 다듬어 씻는다.
3. 콩나물을 냄비에 담고, 물 2.5컵을 소금과 함께 넣고 뚜껑을 덮은 뒤 끓인다.

3~4분 데친 콩나물을 건져 둔다. (콩나물 삶은 물을 밥물로 써요. 2.5컵)

4. 소고기는 청주와 간장, 들기름을 넣고 조물조물 무친다.
5. 냄비에 쌀과 콩나물 삶은 물을 넣고, 무친 소고기를 펴서 올린다. 뚜껑을 연 채로 밥을 한다.
6. 밥이 끓기 시작해 가운데 구멍이 생기면서 거품이 커지면, 불을 가장 작게 줄이고 뚜껑을 덮는다. 15분간 뜸을 들인다.
7. 뜸을 들이는 동안, 양념장을 만든다.
   달래 20g, 간장 1큰술, 물 1큰술, 참기름 1작은술, 들기름 1작은술, 깨소금 1큰술(달래가 없을 때에는 부추나 쪽파를 써요.)
8. 불을 끄기 전에 데쳐서 따로 둔 콩나물을 얹고, 뚜껑을 덮은 뒤 5분간 뜸을 들인다.
9. 밥을 고루 섞어 그릇에 담아 양념장과 함께 낸다.

굴무밥  냄비 에 지어요.

쌀 2컵, 손질한 굴 400g, 무 500g, 들기름 1큰술, 청주 1큰술, 물 2컵

* **양념장**: 간장 1큰술, 물 1큰술, 쪽파 3뿌리, 다진 마늘 1작은술, 고춧가루 1작은술, 참기름(또는 들기름), 참깨

껍데기에서 굴을 떼어 내서
소금물에 씻어요.

씨 싹 꽃

가을무

1. 쌀을 씻어 밥물을 넣고 밥솥에서 10~15분 동안 불린다.

> 밥 짓는 시간을 줄이려면 밥솥에 밥물을 맞추어 넣고 잠깐만 불려요.

2. 굴을 바닷물과 비슷한 농도인 3% 소금물에서 흔들어 씻어 건져 물기를 뺀다.

3. 무는 씻어 약간 굵게 채 친다.

※ 칼질할 때 손 다치지 않게 조심하세요.

4. 불린 쌀에 무채를 펴서 넣고 물을 붓는다. 들기름을 1큰술 넣는다.

5. 밥이 끓기 시작하면 불을 줄이고, 굴을 얹은 다음 15분간 더 끓인다.

> 알람 시계를 맞춰 놓고 양념장을 만드세요.

6. 밥이 되는 동안 양념장을 만든다.
   간장 1큰술, 물 1큰술, 쪽파 3뿌리,
   다진 마늘 1작은술, 고춧가루 1작은술,
   참기름(또는 들기름), 참깨

7. 15분이 지나면 불을 끄고, 뚜껑을 열지 않은 채 5분간 뜸을 들인다.

8. 밥을 고루 잘 섞은 다음, 양념장과 함께 낸다.

김치밥 압력솥에 지어요.

쌀 2컵, 물 2컵, 김치 200g, 돼지고기 200g, 느타리버섯 100g, 표고버섯 3장, 간장 1큰술, 들기름 1큰술, 후추 약간

쌀 2컵 / 김치 200g / 돼지고기 200g / 느타리버섯 100g / 표고버섯 3장
물 2컵 / 후추 약간 / 간장 1큰술 / 들기름 1큰술

* **쪽파간장**: 쪽파 5뿌리, 간장 1큰술, 물 1큰술, 깨소금 1큰술, 고춧가루 1작은술, 참기름 1큰술

쪽파 5뿌리 / 간장 1큰술 / 물 1큰술 / 깨소금 1큰술 / 고춧가루 1작은술 / 참기름 1큰술

잘 익은 김장 김치로 지어요.

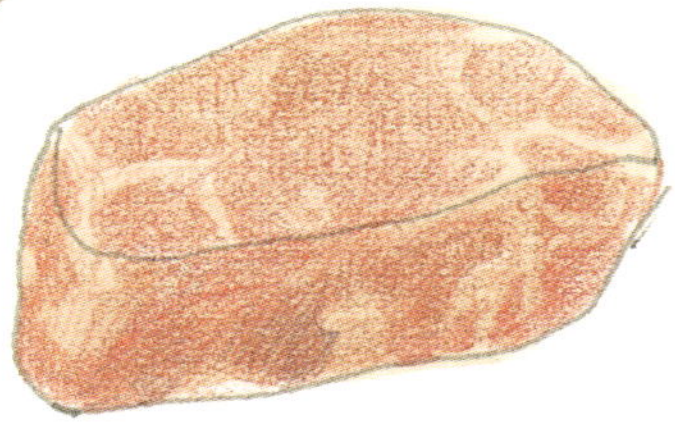

돼지고기는 앞다리 부분을 썼어요.

가을배추

1. 쌀을 씻어 30분간 불린다.
2. 김치는 국물을 꼭 짠 다음, 도마에 놓고 잘게 쫑쫑 썬다.
3. 표고버섯과 느타리버섯은 씻은 뒤, 김치 크기로 썬다.
4. 돼지고기도 김치 크기로 썬다. 돼지고기에 간장, 후추로 밑간을 한다.
5. 밑간한 돼지고기를 들기름에 볶다가 김치를 넣고 볶는다.
6. 볶은 재료를 잠시 다른 그릇에 담고, 솥에 불린 쌀을 넣고 밥물을 붓는다. ❺와 ❸ 버섯을 얹은 뒤, 흰쌀밥 짓기와 같은 방법으로 밥을 한다.
7. 밥이 되는 동안 쪽파간장을 만든다.
   쪽파 5뿌리, 간장 1큰술, 물 1큰술, 깨소금 1큰술, 고춧가루 1작은술, 참기름 1큰술
8. 밥이 다 되면 밥을 고루 섞은 다음, 큰 그릇에 퍼서 쪽파간장에 비벼 먹는다.

냉이바지락밥  에 지어요.

쌀 2컵, 냉이 100g, 바지락 육수 2.5컵, 청주 1큰술

- 쌀 2컵
- 냉이 100g
- 청주 1큰술
- 바지락 육수 2.5컵

* **바지락 육수:** 바지락 300g, 물 2.5컵

- 바지락 300g
- 물 2.5컵

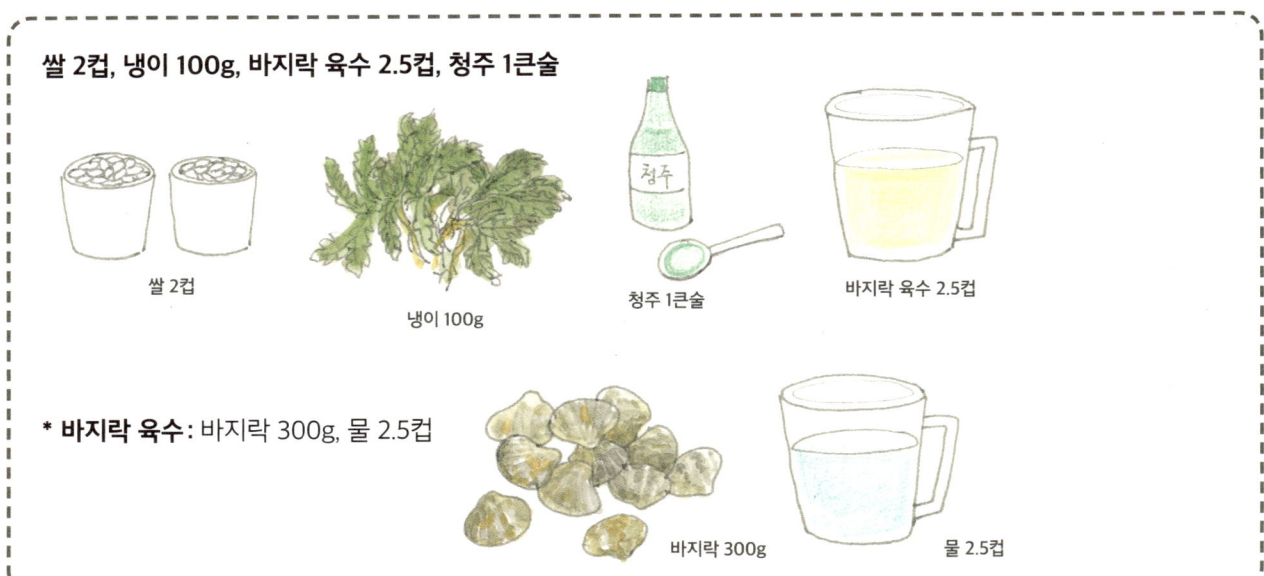

봄 냉이

바지락은 갯벌에 살아요.

잎줄기와 뿌리를 모두 먹어요.

바지락을 바닷물과 비슷한 농도인 3% 소금물에 담가 뻘 속처럼 어둡게 해 두면 조개가 속에 있는 해감(흙 찌꺼기)을 뱉어 내요.

냉장고에 1~2시간 넣어 두면 돼요.

1. 쌀을 씻어 체에 밭쳐 30분간 불린다.

2. 바지락을 3% 소금물에 담가 어두운 곳에서 해감을 뺀 뒤, 바락바락 비벼 씻는다.

3. 냄비에 바지락과 물을 넣고, 바지락이 입을 열 때까지 끓여 체에 밭쳐 둔다. (육수는 따로 담아 두어요. 밥물로 쓸 거예요.)

4. 냉이는 깨끗하게 다듬어 모래가 나오지 않을 때까지 씻어 건져 놓는다.

5. 냄비에 불린 쌀과 바지락 육수, 청주를 넣고 센 불에서 밥을 한다.

6. 밥이 끓기 시작하면 불을 줄이고, 밥물이 자작하게 될 때까지 더 끓인다.

7. 밥물이 자작하게 잦아들면 불을 아주 작게 줄이고 15분 동안 뜸을 들인다. (알람을 해 두어요. 그 사이 ❸바지락 살을 발라 두고, ❹냉이를 2cm 길이로 썰어 두어요.)

8. 뜸이 다 들면 뚜껑을 열고, 썰어 둔 냉이와 건져 두었던 익은 바지락 살을 밥 위에 얹는다.

9. 뚜껑을 닫고 작은 불에서 2~3분간 뜸을 들인 뒤에 잘 섞어 밥을 푼다.

소고기우엉밥  에 지어요.

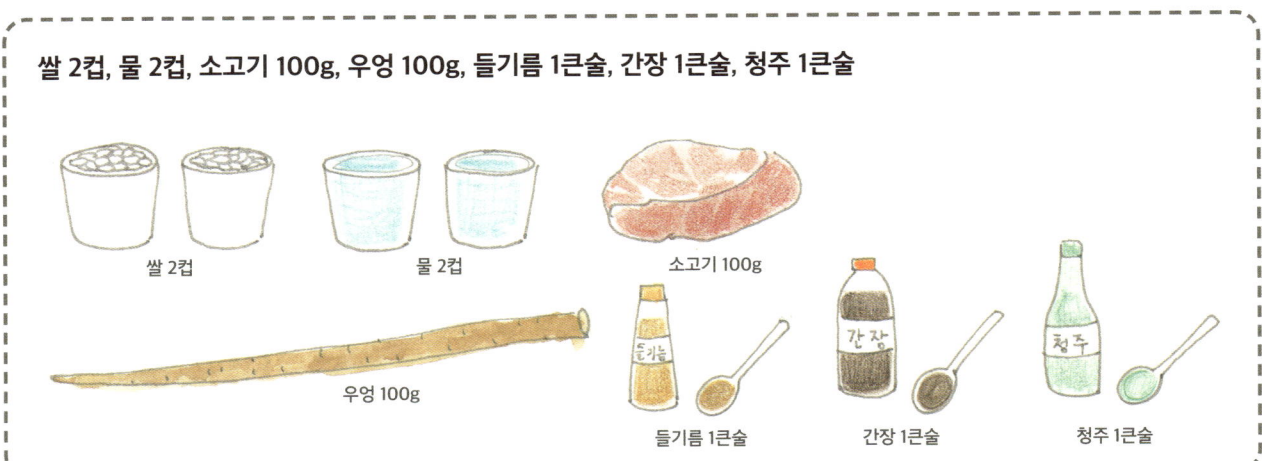

쌀 2컵, 물 2컵, 소고기 100g, 우엉 100g, 들기름 1큰술, 간장 1큰술, 청주 1큰술

쌀 2컵 물 2컵 소고기 100g 우엉 100g 들기름 1큰술 간장 1큰술 청주 1큰술

우엉 꽃  씨  싹

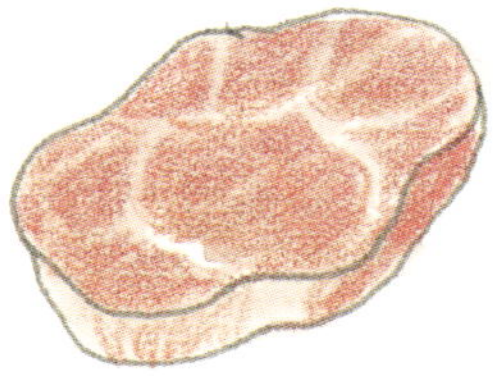

소고기는 앞다리살 등 불고기감으로 쓰이는 부분을 썼어요.

우엉은 뿌리를 먹어요.

1. 쌀을 씻어 30분간 불린다.
2. 소고기는 한입에 쏙 들어가게 작게 썰거나 다진다.
3. 우엉은 흐르는 물에서 박박 문질러 씻고, 껍질째 길게 반으로 가른 뒤, 얇게 어슷썰기를 한다.
4. 압력솥에 불린 쌀과 밥물을 넣는다.
5. 썬 소고기와 우엉을 쌀 위에 올린다.
6. 들기름과 청주, 간장을 분량에 맞춰 넣는다.
7. 흰쌀밥을 하는 방법으로 밥을 짓는다.
   - 밥이 끓기 시작해 압력솥의 추가 흔들리면 1~2분 정도 기다렸다가 불을 끈다.
   - 저절로 김이 빠지면 뚜껑을 열고 밥을 골고루 섞어 푼다.

모든 재료를 한꺼번에 넣어요.

가지밥 압력솥에 지어요.

가지고지 50g, 쌀 2컵, 돼지고기 100g, 물 2컵, 들기름 1큰술, 간장 1큰술

- 말린 가지(가지고지) 50g
- 쌀 2컵
- 돼지고기(불고기감) 100g
- 물 2컵
- 들기름 1큰술
- 간장 1큰술

* **양념장**: 간장 1큰술, 물 1큰술, 참기름 1/2큰술, 다진 파 1큰술, 다진 마늘 1작은술, 고춧가루 1작은술, 깨소금 1큰술

가지는 열매를 먹어요.

씨 싹 꽃

여름에 난 가지를 말려 두면 사시사철 먹을 수 있어요.

시금치홍합밥  냄비에 지어요.

쌀 2컵, 시금치 250g,
들기름 2큰술, 홍합살 200g,
새우 4마리, 청주 1큰술,
시금치 물 2.5컵 (시금치 50g, 물 2컵)

* **양념장:** 간장 1큰술, 물 1큰술, 다진 대파 1큰술, 다진 마늘 1작은술, 고춧가루 1작은술, 깨소금 1큰술, 참기름 1큰술

잎줄기를 뜯어서 먹어요.

겨울 시금치

1. 쌀을 깨끗이 씻어 30분간 불린다.

2. 시금치 총 300g을 다듬어 깨끗이 씻은 다음, 길이로 반을 갈라 먹기 좋은 크기로 자른다.

3. 시금치 50g을 물 2컵과 함께 곱게 간다.

물을 조금 더 넣어도 괜찮아요.

4. 홍합은 손질해 3% 소금물에 흔들어 씻어 건져 놓는다.
새우는 등의 내장과 꼬리의 물샘을 제거하고 씻어 건져 놓는다.

5. 냄비에 손질한 홍합살과 새우를 들기름과 같이 넣고 볶는다.
마지막에 시금치 250g를 넣고 시금치 숨이 죽게 볶는다.

6. 볶은 재료를 다른 그릇으로 옮기고 불린 쌀을 넣는다.
❸의 시금치 물을 붓고 청주를 넣은 뒤, 센 불로 밥을 끓인다.

7. 양념장을 만든다.
간장 1큰술, 물 1큰술, 다진 대파 1큰술, 다진 마늘 1작은술, 고춧가루 1작은술, 깨소금 1큰술, 참기름 1큰술

8. 밥이 끓기 시작하면 불을 가장 작게 줄이고 15분간 뜸을 들인다.
그런 다음, ❺를 밥에 얹는다.

9. 뚜껑을 닫고 5분간 뜸을 들인다.

10. 고루 섞어 밥을 푸고, 양념장과 함께 낸다.

다시마미역밥 압력솥에 지어요.

쌀 2컵, 물 2.5컵, 마른 미역 10g, 다시마 가루 2작은술, 청주 1큰술

쌀 2컵 / 물 2.5컵 / 다시마 가루 2작은술 / 마른 미역 10g / 청주 1큰술

마른 미역을 불려서 써요.

마른 다시마를 잘게 조각낸 다시마 가루를 쓰면 불리지 않아도 됩니다.

미역

다시마

차돌박이버섯밥 압력솥에 지어요.

쌀 2컵, 물 1.9컵, 간장 1큰술, 청주 1큰술, 들기름 1큰술, 소고기 100g,
여러 가지 버섯 250g(표고, 목이, 팽이, 느타리, 새송이, 동충하초 등)

소고기(차돌박이) 100g
버섯 250g

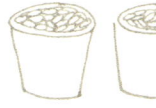      

쌀 2컵 　　물 1.9컵　　간장 1큰술　청주 1큰술　들기름 1큰술

* 양념장: 표고버섯간장 2큰술, 쪽파 4~5뿌리, 마늘 1알, 깨소금 1큰술

표고버섯간장 2큰술　　쪽파 4~5뿌리　　마늘 1알　　깨소금 1큰술

표고버섯

목이버섯

느타리버섯

좋아하는 버섯 두세 가지를 넣으면 돼요.

팽이버섯

새송이버섯

동충하초

소고기는 차돌박이 부분을 썼어요.

완두콩죽

냄비에 끓여요.

찬밥 1인분, 완두콩 1컵, 우유 2컵, 물 2컵, 소금 1작은술

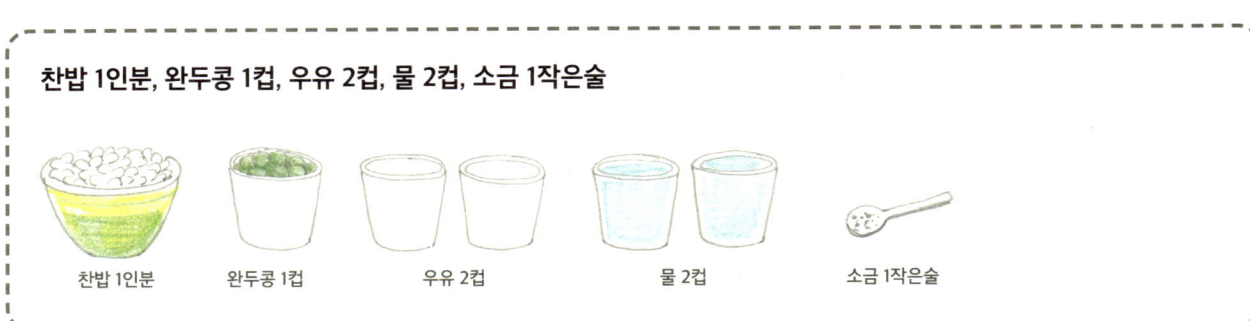

| 찬밥 1인분 | 완두콩 1컵 | 우유 2컵 | 물 2컵 | 소금 1작은술 |

싹  꽃  열매

콩깍지 완두콩

5~6월에 나오는 완두로 죽을 끓여요.

감자죽 냄비에 끓여요.

찬밥 1인분, 감자 2개, 우유 2컵, 물 2컵, 소금 1작은술

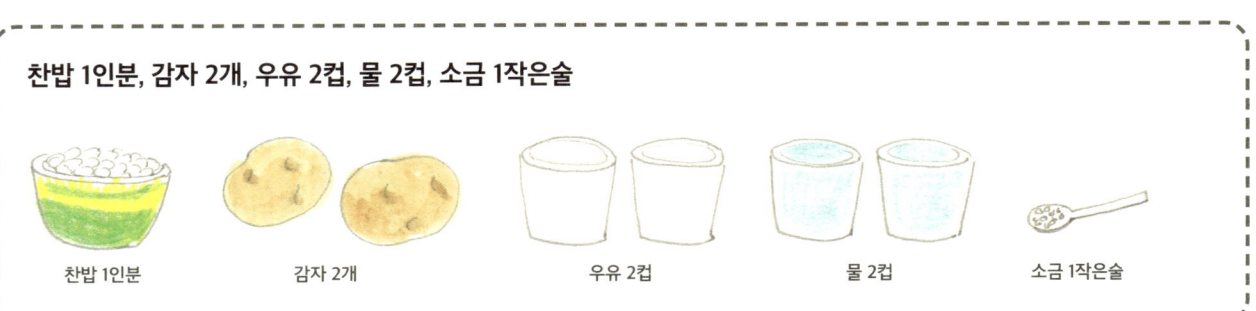

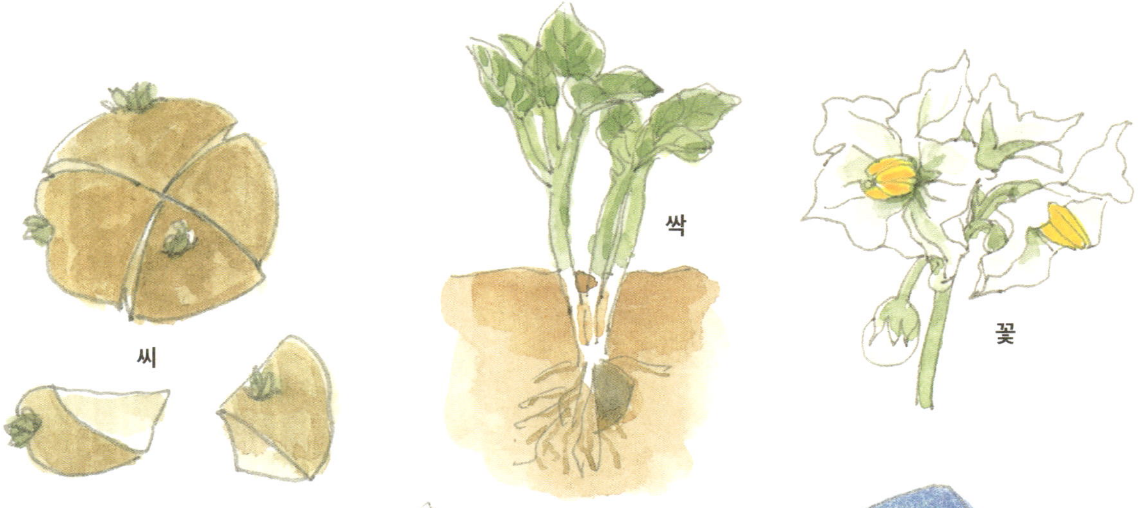

씨

싹

꽃

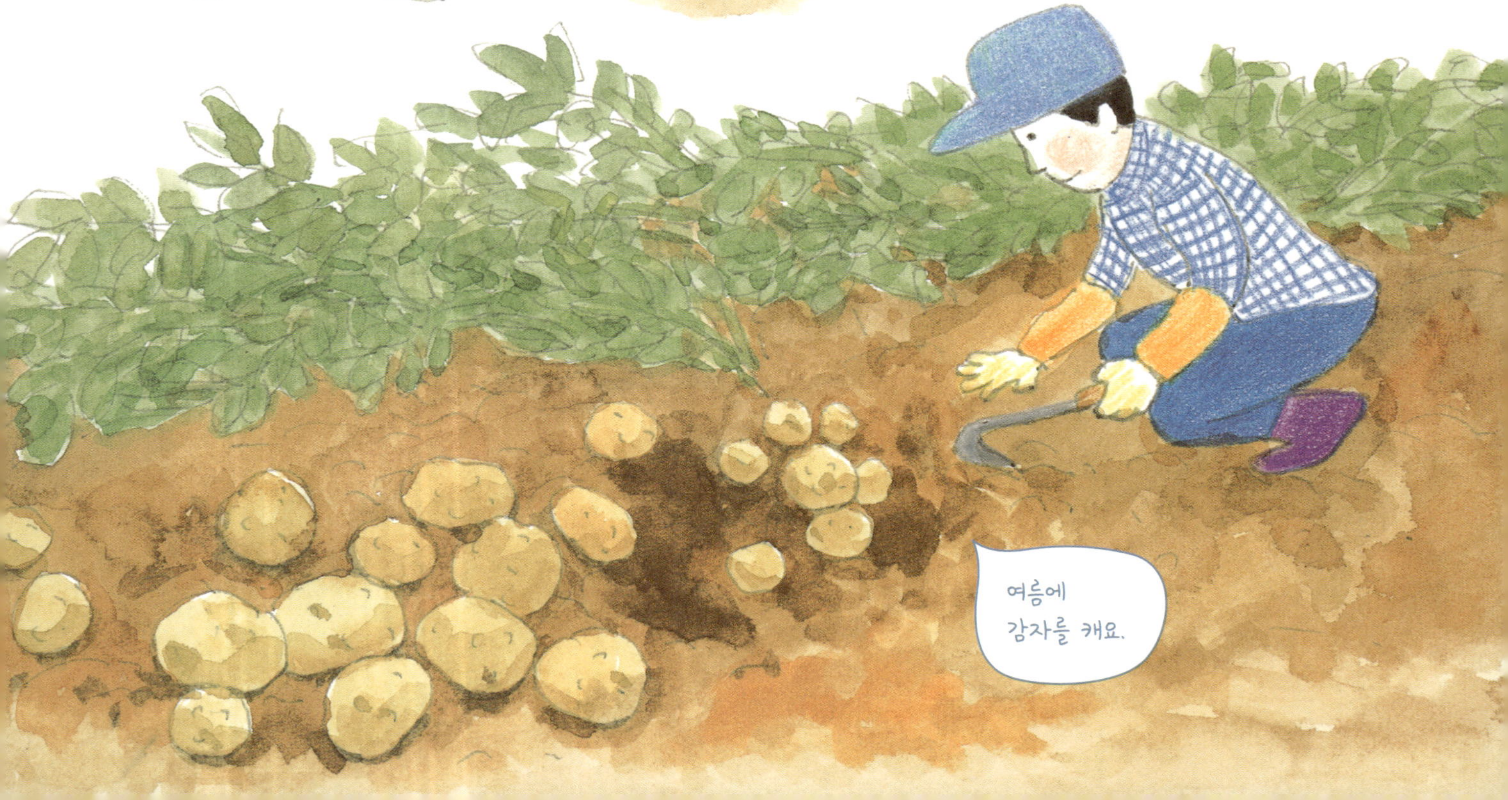

여름에 감자를 캐요.

편집자의 편지

저는 밥을 좋아합니다. 빵, 국수, 밥 중에서 고르라면 저는 밥을 고릅니다. 사람마다 다르겠지요? 하지만 빵이나 국수를 좋아하는 사람도 따끈따끈 갓 지은 밥을 싫어하는 사람은 거의 없어요.

엄마가 지어 주시는 밥을 아침마다 먹으며 자랐습니다. 당연한 일인 줄 알았어요. 그러다 학교를 졸업하고 회사를 다니며 내 밥을 스스로 짓기 시작했습니다. 간단해 보이는 밥이었는데 엄마 밥과 같은 맛이 나지 않았습니다. 양이 문제일까? 많이 지으면 더 맛있을까? 솥이 문제일까? 전기밥솥 말고 가마솥이면 더 맛있을까? 잠깐 고민했지만 밥을 짓는 일에 시간을 들이지 않았습니다. 더 공부하거나 고민하지 않았습니다.

저는 어린이책 만드는 일을 하기 때문에 어린이들에게 전해 줄 이야기를 찾아다닙니다. 최근 어린이들에게 음식 이야기를 해 주고 싶다는 생각을 했어요. 그 계기가 된 건 다름 아닌 '밥 짓기'였습니다. 가장 기본이 되는 음식이고 날마다 먹는 주식이므로 밥 짓기를 연습했습니다. 밥에 관련된 재미난 이야기도 많고, 역사도 깊고, 조리법과 기술도 다양했습니다. 조금씩이라도 아침마다 밥을 지었습니다. 고은정 선생님께 배우고, 책도 찾아보며 지어 보았습니다.

밥 짓기를 배우고 연습하면 확실히 더 맛있는 밥을 먹을 수 있다는 사실을 꼭 전해 주고 싶었습니다. 집집마다 솥도 다르고, 쌀도 다르고, 화력도 다른 도구를 가지고 있을 테니 각자 연습이 조금 필요합니다. 세 번 정도면 적정한 방법을 찾을 수 있을 거예요. 날마다 먹는 밥인데, 세 번이면 해 볼 만하지요?

어린이들 앞에서 고백하건대, 저는 요리를 즐겨하지도 잘하지도 못합니다. 하지만 이제 밥 짓기는 자신 있어요. 꼭 도전해 보세요!

첫 번째, 흰쌀밥

어떤 일을 처음 배운다면 과정을 차근히 알아보는 게 중요합니다. 그 과정이 익숙해지면, 순서를 생각지 않아도 몸에 익게 됩니다. 습관이 되는 것이지요. 처음엔 어렵게 느껴져도 익숙해지면 쉽게 느껴집니다. 밥 짓기도 마찬가지입니다. 그리고 밥 짓기는 모든 요리의 기본을 배울 수 있게 해 줍니다. 쌀(식재료), 물, 불. 세 가지로 모든 요리는 이루어지니까요.

두 번째, 다시마미역밥

예전에는 밥의 종류가 아주 많았다고 합니다. 과자나 떡만 치자나 맨드라미를 넣어 색을 입히는 건 아니었어요. 밥도 색을 넣어 고운 색이 나게 짓기도 하고, 나물이나 조개를 넣어 짓는 밥도 많았어요. 지금 당장 우리도 부엌에서 바다 냄새 가득한 밥을 지을 수 있어요. 미역과 다시마를 넣어 밥을 지어 보세요. 미역과 다시마가 달달한 밥물과 어우러져서 더 보드랍고 맛이 좋아져요.

세 번째, 김치밥

만들고 나서 맛을 보면 '과연 내가 만든 것인가?' 하며 놀라게 됩니다. 흰쌀밥 짓기가 익숙해진 뒤에 도전해 보세요. 물론 잘 익은 김치랑 신선한 고기가 맛을 뒷받침해 주어서 맛있기도 하지만, 밥 자체의 맛도 잃지 않습니다. 간장과 들기름을 넣어 밑간을 하는 밥의 맛을 경험해 보세요. 특별한 한 그릇 밥 짓기의 재미를 느낄 수 있을 거예요.

네 번째, 시금치홍합밥

이 책에서 가장 어려운 조리법입니다. 우선 눈으로만 보아도 좋겠습니다. 이 조리법을 소개한 이유는 우리가 짓는 밥이 무척 다양하고, 이런 밥도 가능하다는 걸 보여 주고 싶었습니다. 쌀밥은 우리만 먹는 음식은 아닙니다. 밀을 주식으로 먹는 나라에서도 쌀을 먹습니다. 아시아의 여러 가지 쌀 음식은 물론이고, 스페인 파에야나 이탈리아 리소토는 이제 우리도 어렵지 않게 만나는 음식이 되었습니다. 시금치홍합밥은 쌀 음식의 새로운 조리법을 생각해 볼 수 있는 밥입니다.

특히 어린이들은 밥을 잘 먹어야 합니다. 어린이들의 중요한 임무는 날마다 건강하게 자라는 것이기 때문입니다. 밥이 품고 있는 탄수화물은 몸을 이루는 중요한 요소입니다. 뇌를 사용할 때에도 가장 많이 쓰는 영양소입니다. 다이어트를 한다고 밥을 줄이는 경우도 있던데, 밥을 중심으로 하루 세 끼를 든든히 먹는 것이 더 건강한 방법입니다. 세 끼를 충실히 먹으면 설탕물과 비슷한 음료와 기름에 튀긴 과자를 줄이게 될 테니까요.

날마다 즐거움을 위해, 미래의 건강을 위해 고은정, 안경자 선생님과 《밥 도감》을 만들었어요. 같이 맛있는 밥을 지어 볼까요?

찾아보기

밥 이름과 관련 용어의 가나다 순서입니다.

- 가지밥 _ 50
- 감자죽 _ 60
- 강낭콩밥 _ 35
- 검정콩밥 _ 34
- 굴무밥 _ 42
- 기장밥 _ 35
- 김치밥 _ 44
- 냄비밥 _ 37
- 냉이바지락밥 _ 46
- 논 _ 27
- 누룽지 _ 37
- 다시마미역밥 _ 54
- 뜸 _ 30
- 묵은쌀 _ 19
- 밥물 _ 18, 25
- 벼 _ 18, 27
- 소고기우엉밥 _ 48
- 숭늉 _ 37
- 시금치홍합밥 _ 52
- 쌀뜨물 _ 23
- 완두콩죽 _ 58
- 잡곡밥 _ 34
- 차돌박이버섯밥 _ 56
- 콩나물밥 _ 40
- 품종 _ 18
- 현미 _ 19
- 현미밥 _ 25
- 흰쌀(백미) _ 19
- 흰쌀밥 _ 18